POR QUÉ NOS GUSTA EL FÚTBOL

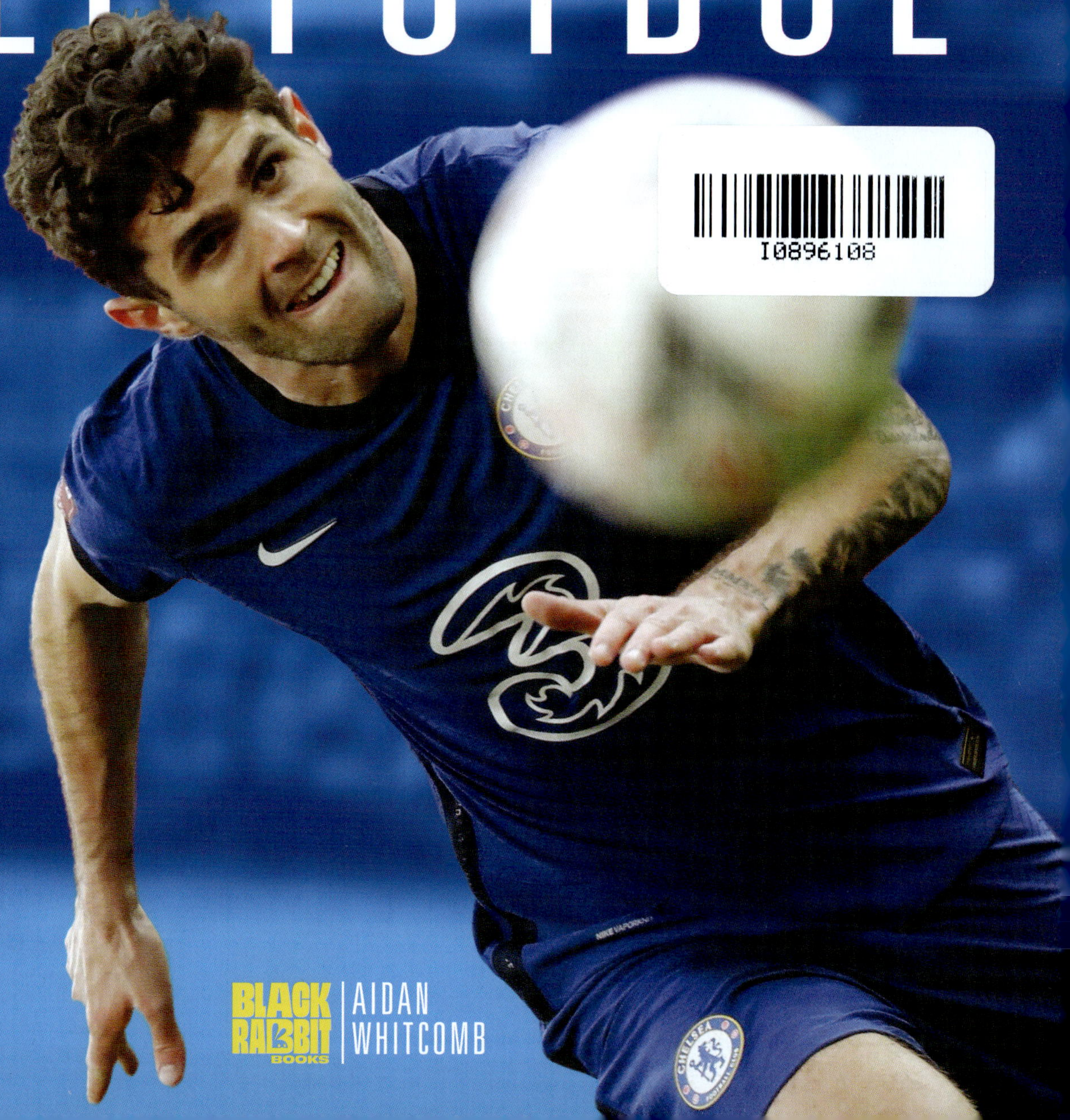

BLACK RABBIT BOOKS

AIDAN WHITCOMB

TABLA DE CONTENIDOS

1

El inicio del fútbol soccer

El fútbol soccer es un deporte antiguo. Comenzó en Inglaterra en 1863. El juego se expandió por todo el mundo. Fuera de los Estados Unidos, se le llama "fútbol". En 1904, se creó la Federación Internacional de Fútbol Asociación (FIFA). La FIFA organiza el fútbol soccer a nivel mundial.

El fútbol soccer es más popular en Europa y Sudamérica. Allí, los aficionados aman el deporte. En los Estados Unidos, el fútbol soccer está creciendo. Hay ligas masculinas y femeninas. Ambas tienen jugadores increíbles. ¡A los aficionados les encanta verlos anotar!

2

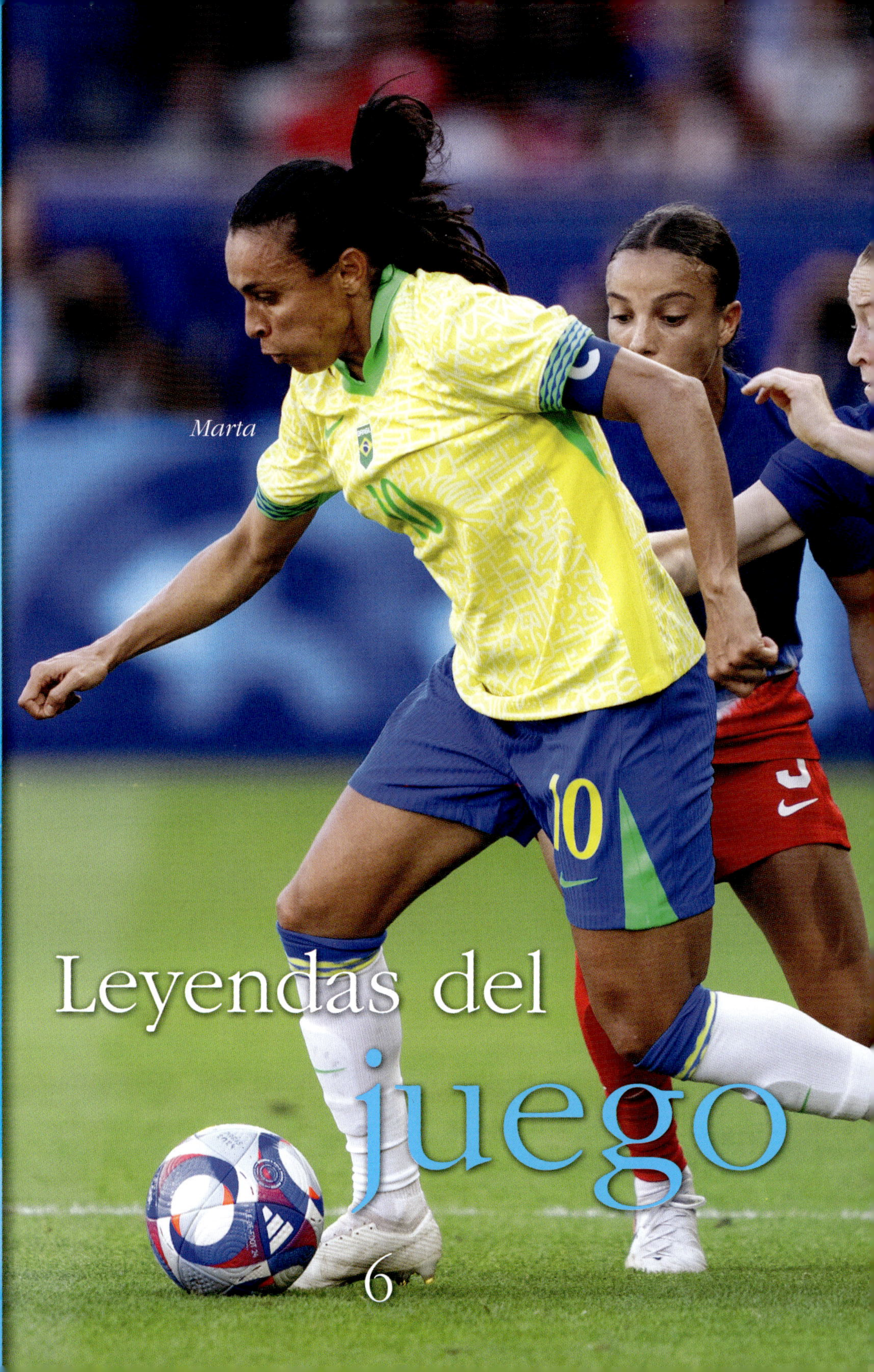

Marta

Leyendas del juego

El fútbol soccer tiene muchas leyendas. Marta es considerada por muchos la mejor jugadora de la historia. ¡Fue la primera en anotar en cinco Copas del Mundo! Otros creen que Mia Hamm es la mejor. Hamm ganó dos Copas del Mundo. También tiene dos medallas de oro olímpicas.

En el fútbol soccer masculino, los aficionados admiran a Lionel Messi y a Cristiano Ronaldo. Hay un debate sobre quién es el GOAT. Messi ganó más trofeos en equipo que nadie. Ronaldo es el máximo goleador de todos los tiempos. ¡Tiene más de 900 goles!

Lionel Messi

Piensa en esto
¿Quién es el GOAT del fútbol soccer? ¿Qué habilidades los hacen los mejores?

3

La experiencia de los aficionados

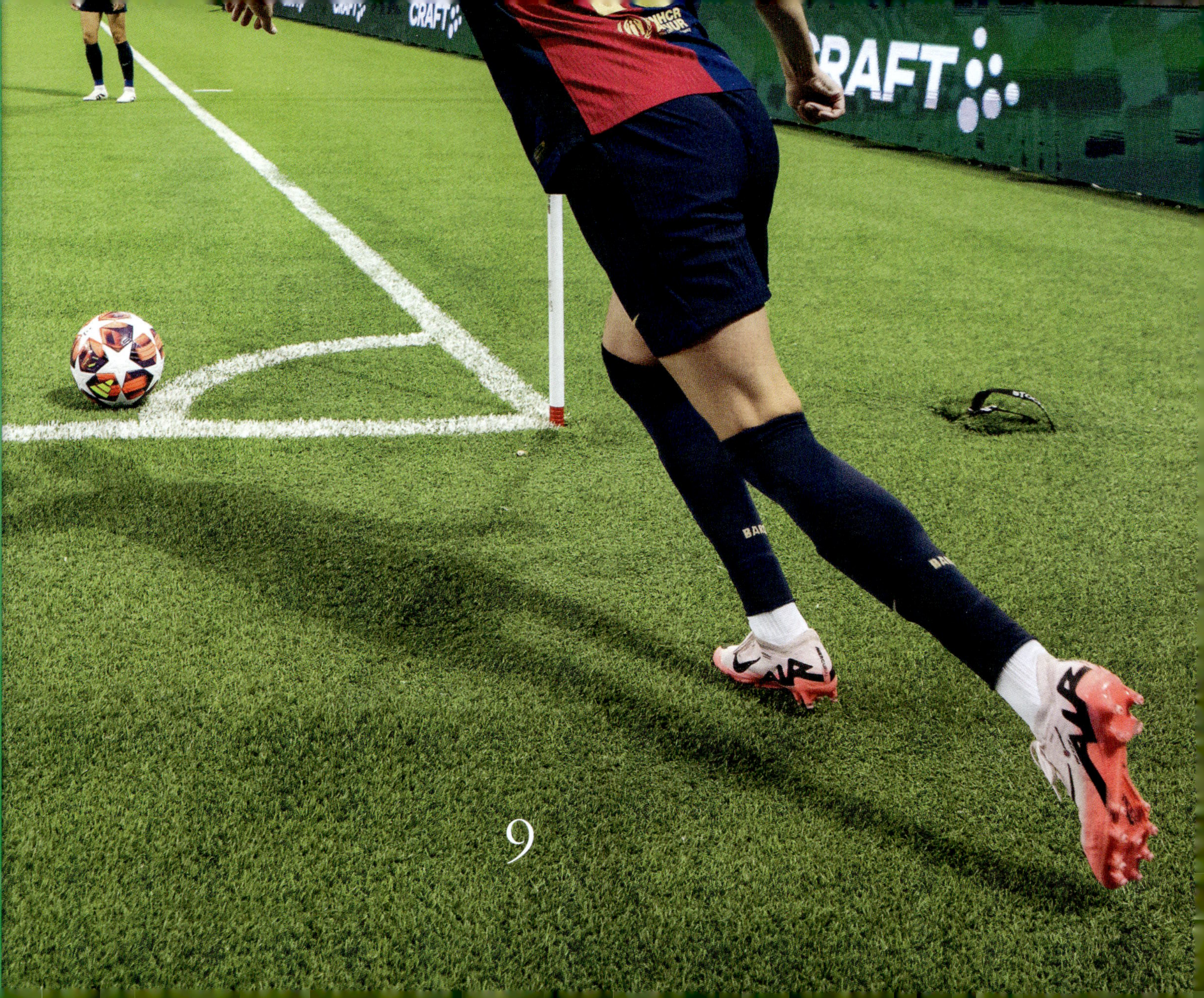
CRAFT

Los aficionados al fútbol soccer sienten un gran orgullo por sus equipos. Son muy ruidosos. Algunos son conocidos como ultras. Llevan banderas y tambores. Cantan y animan durante todo el partido.

Los equipos más grandes tienen aficionados en todo el mundo. **Clubes** como el Real Madrid y el Barcelona son gigantes. Tienen millones de seguidores. Personas de todo el mundo ven sus partidos en televisión. Las **selecciones nacionales** también tienen muchos aficionados. A la gente le encanta apoyar a su país.

¿Sabías que...?
La Copa del Mundo se lleva a cabo cada cuatro años.

ONS LEAGUE
Madridista
Real Madrid

4

Un juego global

El fútbol soccer es el deporte más popular del mundo. Casi todos los países tienen una liga. Algunos incluso tienen varias ligas. México es, por mucho, el país con más equipos profesionales. ¡En 2023 tenía 244 equipos! Los aficionados tienen muchos clubes a los que apoyar.

Inglaterra tiene la liga de fútbol soccer más vista. La Premier League cuenta con 20 clubes. Estos equipos tienen millones de aficionados. Clubes como el Liverpool y el Manchester United son muy famosos. Tienen una larga historia.

Partido de la Liga de Campeones Femenina

¿Sabías que...?
Los mejores equipos de Europa juegan en un torneo especial. Se llama la Liga de Campeones.

5

El crecimiento en Estados Unidos

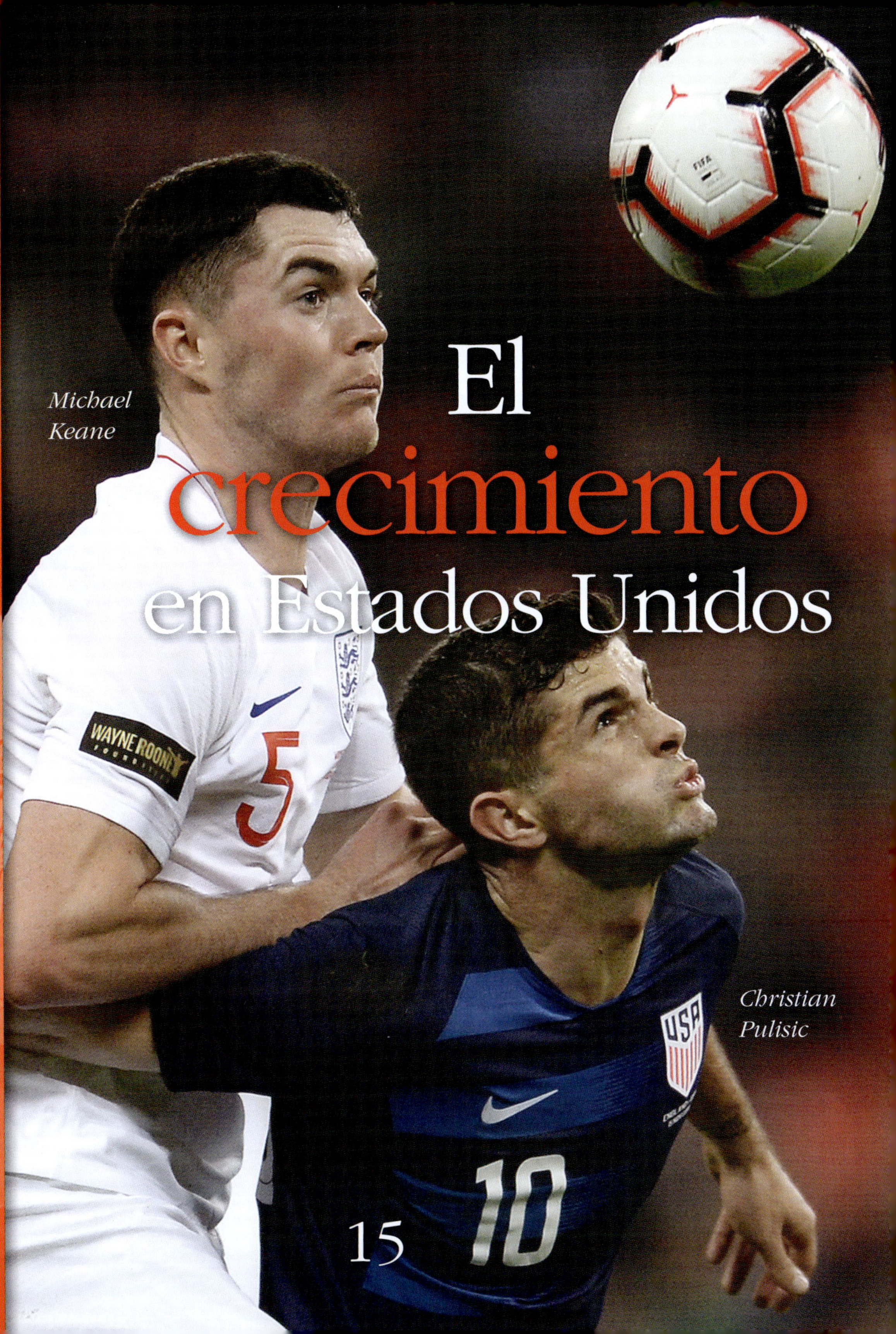

Michael Keane

Christian Pulisic

El fútbol soccer tuvo un inicio tardío en los Estados Unidos. El béisbol, el baloncesto y el fútbol americano son más populares. Pero el fútbol soccer está ganando más aficionados en el país. Es uno de los deportes de equipo de mayor crecimiento. Clubes como LA Galaxy e Inter Miami tienen muchos seguidores.

Las superestrellas estadounidenses ayudan a hacer crecer el deporte. Christian Pulisic y Trinity Rodman son dos de ellas. Ambos son grandes goleadores y tienen excelente control del balón. Aficionados de otros deportes están empezando a seguir el fútbol soccer.

El famoso jugador inglés David Beckham jugó para el LA Galaxy.

Piensa en esto
¿Quién crees que es el mejor jugador estadounidense de la historia?

La Copa del Mundo

6

La Copa del Mundo es el evento deportivo más grande del mundo. Se lleva a cabo cada cuatro años. Compiten muchas selecciones nacionales. Atrae a una gran cantidad de espectadores. En 2022, ¡alrededor de 5,000 millones de personas la vieron!

En 2026, la Copa del Mundo llegará a Norteamérica. Diferentes ciudades del continente serán sede de los partidos. ¡Será un momento emocionante para los aficionados al fútbol soccer!

¿Sabías que...?

La Copa del Mundo 2022 utilizó un "balón inteligente". Un sensor en su interior rastreaba la ubicación del balón.

FIFA
ITALIA
FIFA
ITALIA

MÁS PARA EXPLORAR

DATOS FANTÁSTICOS

El club París Saint-Germain fichó a Neymar por un récord de USD 263 millones en 2017.

Elena Danilova es la jugadora más joven en anotar en una Copa del Mundo. ¡Tenía solo 16 años!

Marta anotó 17 goles en la Copa del Mundo. Es la mayor cantidad de goles en la historia de los mundiales masculinos y femeninos.

El portero Tom King anotó un gol de 105 yardas (96 metros) en 2021. ¡Es el más lejano de la historia!

Brasil jugó en todas las Copas del Mundo. Ganó cinco.

Gavin Stokes anotó el gol más rápido en 2017. Solo tardó 2.1 segundos.

MÁS PARA EXPLORAR

COMPARACIONES INTERESANTES

Países con más Copas del Mundo
(hasta 2024)

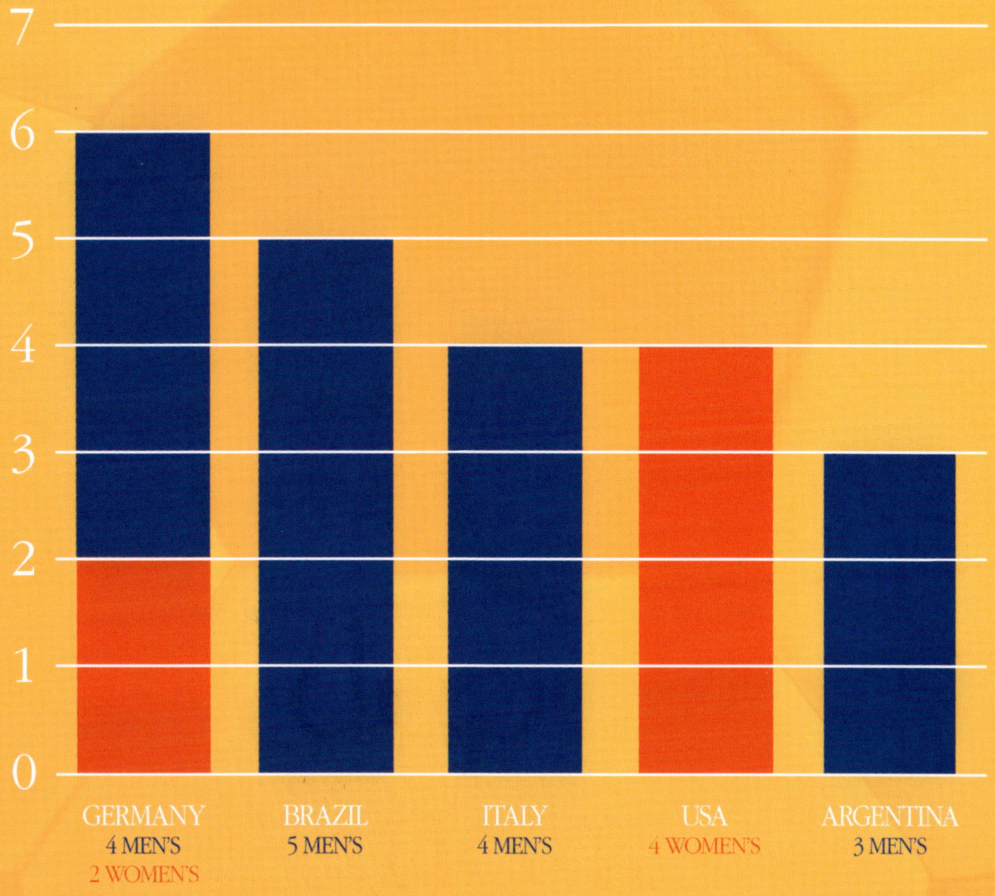

MÁS PARA EXPLORAR

RECURSOS

Glosario

club Un grupo de jugadores que compiten en una temporada anual.

GOAT Una persona que es excelente o la mejor en su disciplina. GOAT significa "Greatest of All Time" (el mejor de todos los tiempos).

liga Un grupo de equipos deportivos que juegan unos contra otros.

selección nacional Un grupo de jugadores del mismo país que compiten contra equipos de otras naciones.

torneo Una serie de competiciones entre varios equipos que culmina con un único ganador.

Índice alfabético

TOP RANK es publicado por Black Rabbit Books, P.O. Box 227, Mankato, MN, 56002. • • Top Rank un sello de Black Rabbit Books • Diseño de Danny Nanos • Fotografías © Alamy Stock Photo/Allstar Picture Library, cover, 1; Dreamstime/Dinorah Alejandra Arizpe Valdés, 19; Getty Images/Brad Smith/ISI, 6, Dave Rowland, 4–5, David Ramos – FIFA, 7, Guillermo Legaria, 2 Michael Campanella, 8–9, Shaun Clark, 18; Shutterstock/fifg, 10, Gorodenkoff, cover, 1, grey_and, 12–13, 23, janews, 20, Marco Iacobucci Epp, 14, MDI, 15, NPeter, 12–13, ph.FAB, 21, Photo Works, 16–17, Raffaele Conti 88, 11, Tungphoto, 5 • Impreso en India.
Library of Congress Cataloging-in-Publication Data: Names: Whitcomb, Aidan, author. | Title: Por qué nos gusta el fútbol / by Aidan Whitcomb. | Other titles: Why we love soccer. Spanish | Description: Mankato, MN: Top Rank is an imprint of Black Rabbit Books, [2026] | Series: Por qué nos gustan los deportes | Includes index. | Ages 8–11 | Grades 2–3 | Identifiers: LCCN 2024054664 (print) | LCCN 2024054665 (ebook) | ISBN 9781644669792 (lib. bdg.) | ISBN 9781644669938 (paperback) | ISBN 9781645824497 (ebook) | Subjects: LCSH: Soccer—Juvenile literature. | Soccer players—Juvenile literature. | Fédération internationale de football association—Juvenile literature. | Classification: LCC GV943.25 .W53518 2026 (print) | LCC GV943.25 (ebook) | DDC 796.334—dc23/eng/20241224